Mein Jesus,
mache mich neu

Allen Mitarbeitern Gottes gewidmet,
die die gute Nachricht von Jesus Christus
in Indien verkündigt haben.

Dem Buch zum Geleit

»Heute, mein Jesus« hieß vor fast zwanzig Jahren das erste Buch mit Gebeten und Besinnungen dieses indischen Christen, der jung und alt, Westen und Osten und Süden einlud in die Zeitgenossenschaft mit Jesus. In vielen Auflagen, Übersetzungen und Nachdrucken hat jenes zunächst unscheinbare Buch seinen Autor weit bekannt gemacht – einen tamilischen Pastor, der seinen Glauben als Lebens-Element täglich braucht, der tätige Nächstenliebe als Konsequenz des Glaubens in den Herausforderungen der Gegenwart – seines relativ armen und unseres relativ wohlhabenden Landes – versteht und dessen Hoffnung nicht nur privat ist: »Mein Jesus, mache mich neu«, sondern der die nötige Erneuerung der Kirche ansieht und fordert als Hinweis auf die »neue Stadt Gottes unter den Menschen«. Wieder sind es biblische Stichworte, die in manchmal ungewohnter Weise verknüpft, die in immer wieder neuer Weise aktuell gedeutet werden, aus denen Gebete entstehen, die oft durch einen Refrain, eine Antiphon, zusammengehalten werden und ihren eigenartigen Rhythmus erhalten. Ist nicht jeder Gottesdienst, jedes Gebet, jede Verkündigung zugleich Wiederholung von Vertrautem in neuem Zusammenhang?

Gerne gebe ich Pastor Johnson Gnanabaranam, Direktor, und seiner Frau Eva Maria Siebert-Johnson, Pastorin, Mitarbeiterin im »Geistlichen Zentrum Tranquebar« und unermüdliche Dolmetscherin seiner Texte, das Geleitwort für diesen zweiten Band mit, dessen Titel sie schon für ihre Hochzeitsgabe an ihre Freunde wählten. Gleichzeitig mit Jesus sein, sich täglich aus der Kraft seines Geistes leiten zu lassen und so einzustimmen in das Lied, das Gott anstimmte, als er sang »Es werde Licht« – das sind Anregungen, mit denen Johnson Gnanabaranam uns aufmerksam machen, helfen und zum hilfreichen Mit-Teilen des Wortes und aller guten Gaben Gottes bereitmachen möchte. Dank Euch beiden an der Küste des Indischen Ozeans, und Dank dem Unendlichen und Unerschöpflichen, aus dessen Wort alle unsere Worte heraustreten und zu dem sie heimkehren, so oft wir beten: Mein Vater, unser Heiland, mache uns neu!

Oktober 1986 *Christoph Jahn*

Johnson Gnanabaranam

Mein Jesus, mache mich neu

Gespräche mit Gott

Deutsch durch Eva Maria Siebert-Johnson

Verlag der Ev.-Luth. Mission Erlangen

ERLANGER TASCHENBÜCHER BAND (80)

Verlagsgemeinschaft Weltmission
mit dem Freimund-Verlag Neuendettelsau

CIP-Kurztitelaufnahme der Deutschen Bibliothek

Gnanabaranam Johnson:
Mein Jesus, mache mich neu: Gespräche m. Gott
dt. durch Eva Maria Siebert-Johnson
Erlangen, Verlag der Ev.-Luth. Mission 1986
(Erlanger Taschenbücher Bd. 80)
Aus d. Ms. übers.
ISBN 3 87214 180 5
NE: GT

Umschlag: Helmut Herzog
Batik: Fr. A. J. Thamburaj, S. J. – Dreieinigkeit
Druck: Missionshandlung Hermannsburg

Inhalt

Abkürzungen bei Bibelstellen:
GN: Die Gute Nachricht
ZB: Zürcher Bibel

Gott sang

Es war Stille ringsum.
Und Gott sang ein Solo:
»Es werde Licht!«
Die Stille zerbrach.
Es ward Licht.

Gott sang Solo um Solo.
Es werde Himmel.
Es werde Erde.
Es werden Pflanzen.
Es werden Sonne, Mond und Sterne.
Es werden Fische und Vögel,
Tiere aller Art.

Und was er sang, das geschah.
Und die Himmel besangen die Ehre Gottes
und das Firmament seiner Hände Werk.

Wenn der Mond im Sopran anhielt,
sang die Sonne weiter im Baß.
Wenn die Sonne schwieg,
begann der Mond von neuem.
Und alle Morgensterne sangen zusammen.

Im Rhythmus der Wellen sangen die Fische.
Tag und Nacht konzertierten die Vögel.
Alle Tiere stimmten ein.
Alles, was Odem hat, lobte den Herrn.

Und Gott sang ein Lied,
das er zuvor nicht gesungen hatte.
Mit voller Stimme sang er ein neues Lied:
»Lasset uns Menschen machen nach unserem Bilde!«

Und Mensch und Natur sangen im Duett.
Gott hörte ihr Singen mit Freude.

Und Satan sprach zu dem Menschen:
»Ich will dein Dirigent sein.
Ein anderes Lied will ich dich lehren.
Auch wir können Duette singen.«

Und der Mensch sang mit Satan Duett.
Sogleich verschwand die reine, süße Musik,
die Gott den Menschen gelehrt.

Disharmonien zerrissen die Luft.
Klagen und Schreien klangen im Lied.

Die reine, süße Musik, die bei Gott war,
liebte die Menschen.
So groß war ihre Liebe,
daß sie selbst Mensch wurde,
um den Menschen die himmlische Musik zu lehren.

Da sang Maria: »Die Hungrigen füllet er mit Gütern«.
Und Zacharias sang: »Er wird unsere Sünden vergeben«.
»Er dachte an uns, die Armen,
seine Güte währet ewiglich«,
so sangen die Hirten.
Und Simeon sang: »Meine Augen haben den Heiland gesehen«.
Die Engel sangen: »Friede auf Erde den Menschen«.
Der Gesang tönte weiter und weiter.
Die Disharmonien verschwanden.

Der neue Musikmeister, von Gott gekommen,
lehrte neue Musik.
Er bat die Menschen:
Hört auf mit Lärm und Disharmonien.
Singt ein neues, heiliges Lied!

Als Satan das neue Lied hörte, schrie er auf:
»Ich bin der Dirigent der Menschen!
Kreuziget, kreuziget ihn!«

Drei Tage danach sangen die Engel:
»Er ist auferstanden. Er lebt!« –
»Er ist auferstanden. Er lebt!«
wiederholten die Frauen.

»Wir sind die Zeugen: Er lebt!«
sangen die Jünger im Chor,
während Satan schrie: »Er ist tot!«
Die Musik, die von Gott kam, tönte fort:
»Sei heilig, heilig, heilig!
Sei Liebe, Liebe, Liebe!«

Die Sänger sangen.
Die Sänger singen.
Die Sänger werden singen.

Die sieben Engel bliesen ihre Posaunen.
Im Meer der Töne ertrank der Meister der Disharmonien.
Die Sänger Gottes sangen ein neues Lied
im neuen Himmel und auf der neuen Erde:
»Halleluja. Gott ist heilig. Gott ist Liebe.«
Und Gott nahm das Amen an.
Und der Gesang tönt weiter fort
wieder in vollkommener Harmonie
wie am Anfang.

Notschreie

Die Stimme des Blutes deines Bruders schreit zu mir von der Erde.
1. Mose 4, 10

Laßt uns keine Lebensmittel horten,
denn Menschen schreien: Gebt uns Essen, damit wir überleben!

Laßt uns die Luft nicht verpesten,
denn Menschen schreien: Gebt uns reine Luft zum Atmen!

Laßt uns das Wasser nicht verunreinigen,
denn Geschöpfe Gottes schreien nach sauberem Wasser.

Laßt uns die Wahrheit nicht manipulieren,
denn Menschen schreien: Helft uns zum Glauben!

Laßt uns nicht gleichgültig sein gegenüber Gewaltanwendung,
denn Menschen schreien: Gebt uns Frieden!

Laßt uns nicht feige sein,
denn Menschen schreien: Befreit uns von Ungerechtigkeit!

Laßt uns das Evangelium nicht verschweigen,
denn Menschen schreien: Gebt uns das geistliche Licht!

Herr, wir tun so viel Böses, ohne zu wissen,
wie oft andere darunter leiden.
Vergib uns unsere Sünden.
So viel Gutes tun wir nicht, obwohl wir wissen,
daß es anderen Freude bringen würde.
Vergib uns unsere Sünden.
Hilf uns in unseren Versuchen, Dir zu gehorchen,
damit Friede um uns wird.
Hilf uns bei unseren Versuchen,
unseren Wohlstand mit anderen zu teilen,
damit Freude um uns entsteht.
Amen.

Masken

Die Stimme ist Jakobs Stimme, aber die Hände sind Esaus Hände.
1. Mose 27, 22

Unter Gebildeten muß ich die Maske des Wissenden tragen;
andernfalls werde ich als Dummkopf abgestempelt und ausgestoßen.

Unter Leuten sogenannter höherer Kasten muß ich die Maske der Elite tragen;
andernfalls werde ich als Kastenloser abgestempelt und ausgestoßen.

Unter Radikalen muß ich die Maske des Revolutionärs tragen;
andernfalls werde ich als Konservativer abgestempelt und ausgestoßen.

Unter den Konservativen muß ich die Maske des Traditionalisten tragen;
andernfalls werde ich als Revoluzzer abgestempelt und ausgestoßen.

Unter bestimmten frommen Leuten muß ich die Maske des Asketen tragen;
andernfalls werde ich als Weltkind abgestempelt und ausgestoßen.

Lieber Herr,
ich bin es müde, diese verschiedenen Masken zu tragen, die andere bei mir erwarten. Mit diesen Masken verliere ich meine eigene Art und Person. Ohne Maske zu leben, macht mehr Freude. Hilf mir, vor allen ein einfacher Mensch zu sein, wie ich es vor dir bin.
Amen.

Feste

Ihr sollt diesen Tag als Gedenktag haben und sollt ihn feiern als Fest für den Herrn, ihr und alle eure Nachkommen, als ewige Ordnung. 2. Mose 12, 14

Der Geist des Advent ist die Liebe, die alle tröstet.
Der Geist von Weihnachten ist das Opfer der Liebe.
Der Geist des Karfreitags ist die Begegnung der Liebe und der Gerechtigkeit Gottes.
Der Geist von Ostern ist der Sieg der Liebe.
Der Geist von Himmelfahrt ist die Herrschaft der Liebe über alles.
Der Geist von Pfingsten ist die Liebe, die die Gläubigen vereint.

Die Freude von Advent ist das Versprechen Jesu, in Herrlichkeit zu kommen.
Die Freude von Weihnachten ist die Menschwerdung Jesu in der Welt.
Die Freude des Karfreitags ist, daß Jesus die Sünden der Welt zerstört.
Die Freude von Ostern ist, daß Jesus die Wahrheit der Auferstehung sichtbar macht.
Die Freude der Himmelfahrt ist die Gegenwart Jesu zu jeder Zeit an jedem Ort in der Welt.
Die Freude von Pfingsten ist, die Gabe des Heiligen Geistes zum Wohl anderer zu empfangen.

Die Botschaft des Advent ist: Das Reich Gottes ist nahe.
Die Botschaft von Weihnachten: Friede auf Erden und den Menschen ein Wohlgefallen.
Die Botschaft des Karfreitag: Vater, vergib ihnen.
Die Botschaft von Ostern: Ich bin die Auferstehung und das Leben.
Die Botschaft der Himmelfahrt: Siehe, ich bin bei euch allezeit.
Die Botschaft von Pfingsten: Ich gieße meinen Geist auf alle Menschen aus.

Lieber Herr, wir danken Dir für die Feste. Vergib uns, daß wir über den Festlichkeiten die Bedeutung der Feste vergessen haben. Hilf uns, die Botschaft der Feste an andere weiterzugeben. Amen.

Glaube und Unglaube

Die Toren sprechen in ihrem Herzen: »Es ist kein Gott«.
Psalm 14, 1

Die Zunge der Ungläubigen fragt:
Wo ist Gott?
Die Zunge der Gläubigen fragt:
Wo ist Gott nicht?

Die Augen der Ungläubigen sagen:
Gott ist nicht zu sehen.
Die Augen der Gläubigen sagen:
Gott ist sichtbar in Jesus.

Die Ohren der Ungläubigen
wollen den Ruf Gottes nicht hören.
Die Ohren der Gläubigen
hören die tröstende Stimme Gottes mit Freuden.

Die Füße der Ungläubigen
rennen von Gott weg.
Die Füße der Gläubigen
kommen nahe zu Gott.
Die Hände der Ungläubigen
nehmen das Eigentum anderer.
Die Hände der Gläubigen
teilen ihr Eigentum mit den Armen.

Mein Herr,
es wäre besser für mich
zu sterben, als ohne Glauben zu leben.
Herr, gib mir täglich Glauben,
damit ich als Christ leben kann.
Amen.

Erzählen (Englisch: declare)

Die Himmel erzählen die Ehre Gottes. – Psalm 19, 1
Die Erde verkündigt die Macht Gottes.
Die Blumen zeigen die Ästhetik Gottes.
Die vielen Tierarten bezeugen die Phantasie Gottes.
Die Existenz der Menschheit bekundet die Liebe Gottes.
Das Kreuz erklärt die Gnade Gottes.
Die Gemeinschaft unter den Gläubigen
verkündet die Macht des Heiligen Geistes.

Die Armut in der Welt entlarvt die Gier des Menschen.
Der Rassismus entlarvt den Stolz des Menschen.
Die Ausbeutung entlarvt die Ungerechtigkeit des Menschen.
Die Kriege entlarven, wie Menschen dem Teufel gehorchen.
Der Unglaube entlarvt die Unwissenheit des Menschen.
Die Angst des Menschen entlarvt seinen Mangel an Gottvertrauen.
Die Gewalt entlarvt den Mangel an Liebe unter den Menschen.

Mein Gott,
laß meine Worte Deine Güte erzählen,
laß meine Taten Deine Liebe verkünden,
laß mein bekehrtes Leben Deine Gnade bezeugen.
Amen.

Improvisation über Psalm 23

Nicht irgend ein Sterblicher,
der aus der Welt verschwindet,
nicht irgend ein Mensch, der seine Haltung
wie ein Chamäleon verändert,
sondern Du, der ewige Herr der Liebe,
Du bist mein Hirte.

Du bist kein Diktator,
der die Menschen unterdrückt
und ihnen keine Freiheiten läßt.
Du bist kein göttlicher Händler,
der Reichtum gegen Tugend austauscht.
Du bist der gute Hirte,
der den Schafen Leben gibt
durch die Hingabe des eigenen Lebens.

Einige sagen: Der Herr ist nicht mein Hirte.
Einige sagen: Mir fehlt es an allem.
Aber die Dich kennen, sagen:
Der Herr ist mein Hirte,
mir fehlt nichts.

Nicht ich, sondern Du weißt,
wo die grünen Weiden des Friedens sind.
Dort läßt Du mich lagern.
Nicht ich, sondern Du weißt,
wo die Wasser der Freude fließen.
Dahin führst Du mich.

Der Reichtum der ganzen Welt
kann meine Seele nicht erneuern.
Die Weisheit der ganzen Welt
kann meine Seele nicht erneuern.
Aber deine Gnade erfrischt
und erneuert meine Seele.

Du zogst mich vom Pfad der Ungerechtigkeit.
Du führst mich auf den Pfad der Gerechtigkeit.
Dadurch wird Deine Gerechtigkeit allen bekannt.

Ich fürchte mich nicht vor der Grausamkeit des Todes.
Ich fürchte mich nicht vor der Macht des Bösen.
Denn Du, der allmächtige Gott, bist bei mir.

Du weißt, was in der Zukunft liegt
und was für mich jetzt gut ist.
Und ich weiß, daß Du mich liebst,
obwohl ich bin, wie ich bin.
Dies beides tröstet mich.

Du lädst mich zu dem großen Feste ein,
obwohl ich dessen nicht würdig bin.
Du ehrst mich vor meinen Feinden.
Daher ist meine Angst vor ihnen gewichen.

Güte folgt mir alle Tage meines Lebens.
Darum habe ich Frieden.
Gnade folgt mir alle Tage meines Lebens.
Darum habe ich Heil.
Herr, ich danke Dir für Deine Güte und Gnade,
die ich erhalten habe.

Du hast mich eingeladen, für immer
in Deinem Hause zu bleiben.
Und Du führst mich dorthin.
Ich werde in der Gesellschaft von Sündern sein,
die in Heilige verwandelt wurden.
Diese Einladung gibt mir einen Vorgeschmack
unverfälschter Freude.

Lieber Herr, ich danke Dir für den Dichter, der den 23. Psalm geschrieben hat. Ich danke Dir für die Dichter, die solche Lieder geschrieben haben, die unseren Glauben stärken. Erwecke unter uns viele solcher Menschen. Amen.

Schaffe ein neues Herz

Schaffe in mir, Gott, ein reines Herz,
und gib mir einen neuen, beständigen Geist.
Psalm 51, 12

Wenn ich einsam bin,
schaffe in mir ein fröhliches Herz,
das Deine Gegenwart fühlt.

Wenn ich erschöpft bin,
schaffe in mir ein zuversichtliches Herz,
das mich an den Sinn meines Lebens erinnert.

Wenn ich leide,
schaffe in mir ein geduldiges Herz,
das die Schwierigkeiten schweigend trägt.

Wenn ich versucht werde,
schaffe in mir ein festes Herz,
das gegen die Versuchung kämpft.

Wenn ich gefallen bin,
schaffe in mir ein glaubendes Herz,
das Deine Vergebung empfängt.

Wenn ich mit Wohlstand gesegnet bin,
schaffe in mir ein großzügiges Herz,
das Deine Gaben mit den Armen teilt.

Wenn ich mit Freunden zusammen bin,
schaffe in mir ein mitfühlendes Herz,
das ihnen das Evangelium weitersagt.

Amen.

Lehre mich, Mond

Blaset am Neumond die Posaune, am Vollmond, am Tag unsres Festes!
Psalm 81, 4

Es mag Billionen Sterne geben.
Es mag schimmernde Nebel im All geben, die noch nicht erforscht sind.
Aber was wäre der Himmel, wenn es keinen Mond gäbe?
So mögen Menschen reich sein an inneren Gaben, an äußerem Besitz oder an Schönheit: Was sind sie, wenn sie keinen Glauben an Jesus haben?

O Mond, du bekommst Licht von der Sonne.
Aber du behältst es nicht für dich selbst,
sondern gibst dies Licht weiter an uns.
Lehre mich, Mond, die Segnungen des Schöpfers
zu empfangen, aber nicht selbstsüchtig festzuhalten,
sondern sie mit anderen zu teilen zu gemeinsamer Freude.

O Mond, dunkle Wolken verbergen dich manchmal.
Aber sie können dich nicht für immer verdunkeln.
Deine Strahlen durchdringen die Wolkenrisse
und zeigen, wo du am Himmel stehst.
Wolken von Zweifeln mögen mir das Angesicht Jesu verbergen;
Nebel von Sorgen mögen den Weg zu Jesus versperren;
aber die Gnade des Herrn durchdringt sie alle und scheint.

Am stillen Teich voller Lotosblüten sinne ich
und sehe den Mond dort.
Die Fische und ich sehen einen goldenen Mond,
der sich im silbernen Gewässer widerspiegelt.
Ich bewundere den winzigen Mond
in dem kleinen Tautropfen, den die rote Rose festhält.
O Mond, du bist einzig am Himmel,
aber vielfach erscheinst du auf Erden.
So sehe ich den Frieden Jesu unter denen,
die Geschäfte der Waffenhändler verhindern.

Ich sehe den Mut Jesu unter denen,
die um Gerechtigkeit willen leiden.

Ich sehe die Freundlichkeit Jesu
unter Tausenden barmherziger Samariter.
Du einer Jesus erscheinst
in den Worten und Taten Deiner vielen Nachfolger.

Afrikaner sehen den Mond. Asiaten sehen den Mond.
Weiße im Norden sehen ihn und Braune in der Südsee.
Sie können sich nicht alle gegenseitig sehen,
aber sie sehen alle denselben Mond.
Viele unter den Afrikanern glauben an Jesus.
Viele in Asien glauben an Jesus.
Weiße im Norden und Braune im Süden glauben an Jesus.
Sie können sich nicht alle gegenseitig sehen,
aber sie glauben an denselben Jesus.
An seinem großen Tag werden sie alle in Jesus zusammen sein,
wie Baum und Blätter zusammengehören.

O Mond, wir sehen dich nicht jeden Tag
als goldene Scheibe am Himmel.
Du hast deine Schatten und Krater.
Du nimmst zu oder nimmst ab.
Aber du teilst dein Licht aus.
Sorgenberge mögen mich ängstigen,
Ärger mag mich drücken –
ich möchte doch freundlich zu anderen sein.
Ich will von dir lernen, Mond,
anderen mit Freude hilfreich entgegenzukommen,
selbst wenn ich dabei ärmer werde.
Ich will von dir lernen, Mond,
ohne Stolz mich hilfsbereit anderen zuzuwenden,
selbst wenn meine Anmut verschwindet.

Herr, laß alles Böse und allen Unglauben in mir verschwinden
wie den abnehmenden Mond.
Herr, laß Glaube, Lebensmut und Dienstbereitschaft

in mir wachsen mit dem zunehmenden Mond.
O Mond, dies soll mein Gebet zu Jesus sein,
wann immer ich dich zunehmen oder abnehmen sehe.

O Mond, an jenem Tag wirst du nicht mehr scheinen,
denn Jesus ist das Licht,
und die Herrlichkeit Gottes erleuchtet die neue Stadt
und scheint über alles.*
Bis zu jenem Tag lehre mich,
ein kleiner, scheinender Mond zu sein,
wo immer ich sein mag.

* Offenbarung 21, 23

Christus alles in allem

Herr, du erforschest mich und kennest mich;
du verstehst meine Gedanken von ferne.
Psalm 139, 1f.

Ich weiß nicht alles über Dich.
Aber Du
weißt alles über mich, meine Probleme und ihre Lösungen.

Ich habe Dich nicht so wie Bilderanbeter ihre Götzen.
Aber Du
hältst mich in Deinen Händen.

Ich liebe Dich nicht mit allen Fasern meines Herzens.
Aber Du
liebst mich so sehr, daß ich
Deine Gegenwart jederzeit fühlen kann.

Ich vertraue Dir manchmal nicht.
Aber Du
hast mir vertraut und
mich zum Hüter meines Bruders gemacht.

Ich habe nur einen begrenzten Glauben.
Aber Deine Gnade
ist grenzenlos.

Herr Jesus,
ich danke Dir,
daß Du mich so gut kennst
und Dich mir bekannt gemacht hast.
Ich danke Dir,
daß Du mich sicher in Deinen Händen hältst.
Ich danke Dir,
weil ich Deine Gegenwart überall fühlen kann.
Nimm mich als Deinen demütigen Diener an.
Amen.

Lehre mich, weise zu leben

Weisheit wird in dein Herz eingehen, und Erkenntnis wird deiner Seele lieblich sein, Besonnenheit wird dich bewahren und Einsicht dich behüten.
Sprüche 2, 10f.

Der Stein geht im Wasser unter.
Der Fisch lebt im Wasser.
Genauso ist die Welt.
Bist du weise, kannst du in der Welt bestehen,
bist du töricht, wirst du untergehen.

Das Feuer kocht den Reis.
Das Feuer brennt Hütten nieder.
Genauso ist das Geld.
Wenn du weise bist, wird das Geld dir dienen.
Wenn du töricht bist, wird das Geld dich vernichten.

Der Kokosnußkern schmeckt süß.
Fasern und Schale der Kokosnuß sind schwer zu entfernen.
Genauso ist das Leben.
Das äußere Leben ist bedeckt mit den Fasern der Schwierigkeiten und der Schale des Todes.
Das innere Leben der Gemeinschaft mit Gott und seinen Freunden ist süß und stärkt.

Mein Jesus,
oft bin ich töricht.
Lehre mich, weise in dieser Welt zu leben.
Oft verwende ich meine Zeit und mein Geld für nichtige Dinge.
Lehre mich, sie sinnvoll zu verwenden.
Oft bin ich niedergeschlagen.
Lehre mich, die Schwierigkeiten zu überwinden und mich in Dir und an den guten Gaben, die Du gibst, zu freuen.
Amen.

Rettung für zwei

Wer Verstand erwirbt, der liebt sein Leben,
und wer Einsicht bewahrt, der findet Glück.
Sprüche 19, 8 ZB

Wenn du einem Selbstsüchtigen hilfst,
von seiner Gier loszukommen,
hilfst du zweien:
erstens dem Selbstsüchtigen,
von seiner Sünde frei zu werden,
zweitens dem Armen, der seine Hilfe dringend braucht.

Wenn du einem gewalttätigen Menschen hilfst,
von seinem Haß loszukommen,
hilfst du zweien:
erstens dem Gewaltsamen,
daß er nicht für Gewalttat bestraft wird,
zweitens seinem unschuldigen Opfer.

Wenn du einem Unwissenden hilfst,
von seiner Torheit loszukommen,
hilfst du zweien:
erstens dem Toren,
daß er nicht in seiner Torheit zugrunde geht,
zweitens denen, die durch seine törichten Taten leiden müßten.

Wenn du einem Faulen hilfst,
von seiner Faulheit loszukommen,
hilfst du zweien:
erstens dem Faulen,
daß er selbst etwas schafft,
zweitens den anderen, die seine Faulheit nachahmen.

Wenn du einem Ungläubigen hilfst,
von seinem Unglauben loszukommen,
hilfst du zweien:
erstens dem Ungläubigen,

vom Aberglauben frei zu werden,
zweitens den anderen, die sein Unglaube verwirrt.

Mein Herr,
manchmal bin ich selbstsüchtig.
Manchmal bin ich aggressiv.
Manchmal bin ich töricht.
Manchmal bin ich faul.
Manchmal bin ich ungläubig.
Befreie mich doch von diesen Fesseln.
Dann machst du sowohl mich froh
wie die Menschen um mich herum.
Amen.

Keine Zeit

Ein jegliches hat seine Zeit,
und alles Vorhaben unter dem Himmel hat seine Stunde.

Prediger 3, 1

Keine Zeit, den Schöpfer anzubeten.
Keine Zeit, die Bibel zu lesen.
Keine Zeit, in die Kirche zu gehen.
Keine Zeit, einen Kranken zu besuchen.
Keine Zeit, mit der Familie zu beten.
Keine Zeit, einem Freund von Christus zu schreiben.
Keine Zeit, mit einem Einsamen zu sprechen.
Keine Zeit, sich an den Sonnenblumen zu freuen,
die sich der Sonne zuwenden.
Keine Zeit, den Fischen nachzuschauen,
die im Flusse schwimmen.
Keine Zeit, den Vögeln zu lauschen,
die in den Bäumen singen.

Lieber Herr, ich brauche mehr Zeit
zum Lernen, damit ich eine gute Zukunft habe.
Ich brauche mehr Zeit
für meine Arbeit, damit ich mehr verdiene.
Ich brauche mehr Zeit,
um mehr und mehr zu besitzen.

Aber was nützt dieses Leben,
wenn ich aus dem Leben scheiden muß,
ohne mich an den schönen Gaben gefreut zu haben,
die Du für mich geschaffen hast,
und ohne das Gute getan zu haben,
wofür Du mich geschaffen hast?

Lehre mich, wie ich
meine Zeit weise verbringen kann.

Amen.

Eine kleine Sünde

Tote Fliegen verderben gute Salben.
Ein wenig Torheit wiegt schwerer als Weisheit und Ehre.
Prediger 10, 1

Eine kleine Sünde ist wie eine tote Fliege für eine gute Salbe.
Eine kleine Sünde ist wie ein Funken Dynamit.
Eine kleine Sünde ist wie ein Tropfen Gift in einer großen Kanne Milch.
Eine kleine Sünde ist wie ein Loch im Boden eines Bootes.
Eine kleine Sünde ist wie ein Axthieb gegen einen Baumstamm.

Herr Jesus,
bewahre mich davor, kleine Sünden zu begehen. Ich tue sie, ohne zu begreifen, wie gefährlich sie sind. Sie verleiten mich zu größeren Sünden.
Hilf mir, Herr, gegen die kleinen wie die großen Sünden zu kämpfen.
Amen.

Heile mich

Von der Fußsohle bis zum Haupt ist nichts Gesundes an euch,
sondern Beulen und Striemen und frische Wunden,
die nicht gereinigt noch verbunden noch mit Öl gelindert sind.
Jesaja 1, 6

Heile meine Füße,
dann werden sie auf dem Weg des Lebens gehen.

Heile meine Hände,
dann werden sie das,
was sie haben,
mit anderen teilen.

Heile meine Ohren,
dann werden sie den Schrei
der Notleidenden hören.

Heile meine Augen,
dann werden sie die Wunden der Kranken sehen.

Heile meine Zunge,
dann wird sie Dein Lob singen
und freundliche Worte sprechen.

Heile meinen Verstand,
dann wird er über Gutes und Edles nachsinnen.

Heile mein Herz,
dann wird mein Glaube gestärkt.

O mein Jesus,
nur du kannst mich heilen.
Du bist mein Arzt und keiner sonst.
Ich bin krank von Kopf bis Fuß.
Heile mich, Herr.
Amen.

Tröstet sie

Tröstet, tröstet mein Volk! spricht euer Gott.
Jesaja 40, 1

Tröstet das Volk nicht mit leeren Worten,
sondern mit der guten Nachricht von Jesus.
Tröstet das Volk nicht mit euren Anweisungen,
sondern mit eurem Mitleiden und euren Opfern.
Tröstet das Volk nicht mit Almosen,
sondern durch Teilen.

Tröstet die Armen.
Mit ihnen erklärt sich Jesus solidarisch.
Tröstet, die bereut haben.
Ihnen bietet Jesus die Vergebung an.
Tröstet die Hinterbliebenen.
Jesus verspricht die Auferstehung.

Tröstet die um des Glaubens
und der Gerechtigkeit willen Verfolgten.
Sie sind Gott besonders wert.
Tröstet die Unterdrückten.
Der Herr wird sie aufrichten.
Tröstet die Beleidigten.
Der Herr wird sie fröhlich machen.

Mein Jesus,
ich danke Dir für die Menschen,
die mich in meinem Leid getröstet haben.
Hilf mir, die Trostlosen zu trösten
und ihnen Freude und Frieden zu bringen.
Amen.

Mehr als meine Mutter

Kann auch ein Weib ihres Kindleins vergessen, daß sie sich nicht erbarme über den Sohn ihres Leibes? Und ob sie seiner vergäße, so will ich doch deiner nicht vergessen. *Jesaja 49, 15*

Sei es die irdische Mutter oder der allmächtige Gott –
sie bringen neues Leben aus Liebe hervor.

Sei es die irdische Mutter oder der allmächtige Gott –
sie sind glücklich über das, was sie geboren haben.

Sei es die irdische Mutter oder der allmächtige Gott –
sie möchten dem nahe sein, was sie hervorgebracht haben.

Sei es die irdische Mutter oder der allmächtige Gott –
sie sind traurig, wenn ihre Liebe nicht erwidert wird.

Sei es die irdische Mutter oder der allmächtige Gott –
sie leiden zum Wohl dessen, was sie geboren haben.

Lieber Gott, Du bist meine himmlische Mutter.
Meine irdische Mutter kann mich nicht
auf allen meinen Wegen begleiten.
Aber du bist mir immer nahe.
Meine irdische Mutter kann mich nicht vor allen Gefahren bewahren.
Aber Du beschützt mich jeden Tag.
Meine irdische Mutter kann nicht in mein Innerstes eindringen.
Aber Du kennst meine Gedanken und verstehst meinen Kummer.
Meine irdische Mutter betet für mich aus Liebe zu mir.
Aber Deine Liebe ist größer als irgendeine Liebe
in dieser Welt.
Nicht einmal der Tod kann Deine Liebe zerstören.
Mein Gott, ich danke Dir,
daß Du nicht nur mein himmlischer Vater,
sondern auch meine himmlische Mutter bist.
Himmlische Mutter, ich danke Dir
für Deine unbegreiflich große Liebe. – Amen.

Wie lieblich

Wie lieblich sind auf den Bergen die Füße der Freudenboten, die da Frieden verkündigen, Gutes predigen, Heil verkündigen!

Jesaja 52, 7

Wie lieblich sind die Augen, die Mitleid haben mit den Trauernden, daß sie kaum ihre Tränen zurückhalten können.

Johannes 11, 33. 35

Wie lieblich sind die Stimmen, die die Trostlosen und Leidtragenden aufrichten.

Matthäus 11, 28

Wie lieblich sind die Hände, die den Hungrigen und Kranken mit Liebe und Selbstlosigkeit dienen.

Lukas 5, 13

Wie lieblich sind die Beine, die umherziehen zu den Leidenden, um sie von ihren Lasten zu befreien.

Apostelgeschichte 10, 38

Herr Jesus, ich preise Dich für diese Deine
    lieblichen Augen,
    lieblichen Lippen,
    lieblichen Hände,
    lieblichen Beine und Füße,
die die Leiden in dieser Welt verringern.
Mache auch meine Glieder so lieblich.
Amen.

Krieg und Frieden

... wiewohl er kein Unrecht getan hat...

Jesaja 53, 9 ZB

Es gibt »gerechte« Kriege, weil viele Menschen
ungerechte Kriege zu gerechten Kriegen erklären.

Es gibt ungerechte Kriege,
weil viele Menschen ungerechten »Frieden« tolerieren.

Es gibt ungerechten »Frieden«, weil viele Menschen
keine Gerechtigkeit kennen.

Viele Menschen wissen nichts von Gerechtigkeit,
weil sie keinen Kontakt mit dem gerechten Gott halten.

Der gerechte Gott will, daß wir bei der Aufrichtung
der Gerechtigkeit unser Teil tun,
nicht durch Gewalt, sondern durch gewaltlosen Widerstand
in der Nachfolge des heiligen Leidens unseres Heilandes.

Mein lieber Jesus,
Du bist der Fürst des Friedens.
Du inspirierst Kriegsdienstverweigerer.
Du leidest mit denen, die um des Pazifismus willen leiden.
Du bist der Herr der Gerechtigkeit und der Gnade.
Du leitest Deine Nachfolger zu sozialer Gerechtigkeit
in dieser deiner Welt,
aber nicht zur pharisäerhaften Selbstgerechtigkeit.
Hilf uns, unsere Verantwortung durchzuhalten,
ohne uns über die Konsequenzen Sorgen zu machen.
Amen.

Gesteigerter Ton?

Aber nun, Herr, du bist doch unser Vater!
Wir sind Ton, du bist unser Töpfer, und wir alle sind deiner Hände Werk.
Jesaja 64, 7

»Ich bin größer als andere, darum bin ich der Beste«, sagte ein Krug.
»Ich bin schöner als andere, darum bin ich der Beste«, sagte ein zweiter Krug.
»Ich bin stärker als andere, darum bin ich der Beste«, sagte der dritte.
»Ich bin antiker als andere, darum bin ich der Beste«, sagte ein vierter.
»Ich bin moderner als andere, darum bin ich der Beste«, sagte ein fünfter.
»Ich habe mehr Geld in mir als andere, darum bin ich der Beste«, sagte ein sechster Krug.
Ein weiser und gutaussehender Krug sagte: »Warum seid ihr so stolz auf euch und streitet euch? Sind wir nicht alle aus demselben Ton gemacht? Haben wir nicht alle denselben Wert? Nur der Töpfer – er ist der Größte von allen. Wenn wir die Aufgaben erfüllen, für die wir gemacht sind, herrschen Friede und Freude unter uns.«

O Herr,
Du bist der göttliche Töpfer.
Deine Weisheit ist die Drehscheibe der Töpferei.
Versuchungen und Leiden sind das Feuer, das den nassen Ton härtet.
Wir sind Ton in Deiner Hand. Mache aus diesem Ton Krüge, die demütig, lieblich und nützlich sind.
Amen.

Zweierlei Maßstab

Was siehst du aber den Splitter in deines Bruders Auge
und nimmst nicht wahr den Balken in deinem Auge?
Matthäus 7, 3

Wenn andere mich kränken,
vergesse ich es nicht so schnell.
Aber ich bedenke nicht,
wie oft ich andere kränke.

Wenn andere unfreundlich zu mir sind,
wundere ich mich über ihr Verhalten.
Aber ich denke nicht darüber nach,
warum ich unfreundlich zu anderen bin.

Wenn andere mir Gutes tun,
denke ich, es ist ihre Pflicht.
Aber wenn ich anderen nur ein wenig Gutes tue,
denke ich, ich habe etwas Besonderes geleistet.

Wie schön wäre die Welt, wenn sich
die anderen ordentlicher benähmen,
denke ich oft.
Aber daß ich mich mit meiner Selbstsucht oft nicht gut benehme
und daß ich selbst keine Freude in das Leben der Elenden bringe,
kommt mir nicht in den Sinn.

Ich liebe die Reichen nicht,
die ein Leben in Luxus führen.
Aber ich möchte doch reicher werden
und etwas mehr Luxus haben als mein Nachbar.

Lieber Herr,
hilf mir zu einer gesunden Selbstkritik,
bevor ich meine Umwelt kritisiere.
Amen.

Der Jesus-Blick

Als er das Volk sah, jammerte es ihn;
denn sie waren verschmachtet und zerstreut wie die Schafe,
die keinen Hirten haben.

Matthäus 9, 36

Sieh nicht auf die Armen,
wie die stolzen Reichen auf sie sehen.
Sieh die Armen an,
wie Jesus sie ansah.
Jesus gab den Armen Speise
und setzte sich mit ihnen gleich.*

Sieh nicht auf die Reichen,
wie Menschen mit Haß auf sie sehen.
Sieh die Reichen an,
wie Jesus sie ansah.
Jesus lehrte sie, damit auch sie
ins Himmelreich kommen können.**

Sieh nicht auf die Sünder,
wie Selbstgerechte auf sie sehen.
Sieh die Sünder an,
wie Jesus sie ansah.
Jesus will, daß die Sünder bereuen
und durch sein Blut gereinigt werden.

Sieh nicht auf die Ungläubigen,
wie Fanatiker auf sie sehen.
Sieh die Ungläubigen an,
wie Jesus sie ansah.
Jesus starb auch für sie
und will, daß wir ihnen
durch unser bekehrtes Leben das Evangelium zeigen.

Sieh nicht auf die Welt,
wie der Teufel auf sie sieht.

Sieh auf die Welt,
wie Jesus sie ansah.
Jesus liebt die Welt und will,
daß sie eine neue Welt werde.

Mein Jesus,
oft ist mein Verhalten einseitig,
weil ich nur eine Seite sehe.
Hilf mir, die Dinge
so zu sehen, wie Du sie siehst.
Hilf mir, das zu tun,
was Du willst.
Amen.

 * Matthäus 25, 40
** Lukas 18, 22

Wachet und betet

Wachet und betet, daß ihr nicht in Anfechtung fallt!
Der Geist ist willig; aber das Fleisch ist schwach.
Matthäus 26, 41

Manche, die nicht wissen, was Gebet ist, sagen:
Ich bete nicht, aber ich meditiere.
Gott kennt deine Nöte, deshalb hast du es nicht nötig zu beten.
Gebete helfen nicht; auf Arbeit kommt es an.
Du kannst das Schicksal nicht durch Beten ändern.
Gebet ist Autosuggestion, an sich selbst gerichtet.
Gebet mit anderen ist eine Predigt, die an die anderen gerichtet ist.
Sogar die Gebete für gute Zwecke werden manchmal nicht erfüllt.

Welcher Vater wird sich nicht freuen, wenn er die Stimme seines Kindes hört? Deshalb bete ich.
Ich habe mehr Freude, wenn ich mich nach etwas sehne und es dann bekomme, als wenn ich es ohne Sehnen erhalte. Deshalb bete ich.
Ich brauche Führung und Kraft zum Arbeiten. Deshalb bete ich.
Das Gebet ändert meine Absichten und mein Verhalten im Leben zum Guten. Deshalb bete ich.
Wenn ich keinen Ausweg sehe, dem Netz des Teufels zu entkommen, und wenn mir niemand helfen kann, weiß ich: Gott kann mir helfen. Deshalb bete ich.
Gemeinsames Gebet zerstört unsere Selbstsucht und nährt die Einheit. Deshalb beten wir zusammen.
Gebete nähren in mir gute Wünsche und ermutigen mich, meine Zeit und Energie zum Guten zu verwenden. Deshalb bete ich.

Was ein Mensch ist, wird daran erkennbar,
ob er betet, / zu wem er betet, / mit wem er betet,
wie er betet, / was er betet, / wofür er betet,
wie oft er betet.

Herr Jesus, hilf mir, ein Beter zu sein.
Lehre mich, richtig zu beten.
Amen.

Wann kommt das Reich Gottes?

Denn von selbst bringt die Erde Frucht, zuerst den Halm, danach die Ähre, danach den vollen Weizen in der Ähre. *Markus 4, 28*

Wie der Baum verborgen ist im Samen,
wie der Vogel verborgen ist im Ei,
wie das Kind verborgen ist im Mutterleib,
so ist das Reich Gottes verborgen in dieser Welt.

Der Same keimt, wenn er ins Erdreich gelegt wird.
Das Vöglein wächst, wenn die Vogelmutter
auf dem Ei brütet.
Das Kind wächst im Mutterleib.

Eines Tages
bricht die Hülle des Samens,
zerbricht die Schale des Eis,
schreit die Mutter in ihren Wehen.
Neues Leben wird geboren.

Ist der Schmerz der Welt
der Schmerz der gebärenden Mutter?
Muß großer Schmerz erlitten werden,
bevor das Reich Gottes geboren wird?

Lieber Herr, zweitausend Jahre lang
haben wir viele Male am Tag zu Dir gebetet:
Dein Reich komme.
Wir haben genug grausame Reiche von Christus-Hassern
in dieser Welt gesehen.
Das Gebet um Dein Reich hat uns getröstet und durchhalten lassen.
Wir warten auf den Tag der vollkommenen Heilung
unseres Leibes, unseres Geistes und unserer Seele.
Kommt dann Dein Reich?
Laß Dein Reich kommen,
nicht meins, nicht seins, nicht ihres oder unsres,
laß Dein Reich kommen. Amen.

Die Evangelisten

Er sprach zu ihnen: Gehet hin in alle Welt und predigt das Evangelium aller Kreatur. *Markus 16, 15*

Herr, wir möchten Evangelisten sein.

Gib uns die Gaben, die Matthäus erhielt: die gute Botschaft mit der Tradition der Menschen zu vergleichen und ihr gegenüberzustellen.

Gib uns die Gabe, die Markus erhielt: die gute Botschaft kurz und bündig zu erzählen.

Gib uns die Gabe, die Lukas erhielt: Mitleiden zu erwecken für die Armen.

Gib uns die Gabe, die Johannes erhielt: nachdenklich die Ereignisse in Jesu Leben zu betrachten und zu deuten.

Gib uns die Gabe, die Paulus erhielt: alle Leiden geduldig zu ertragen und trotzdem weiterzuziehen mit der Predigt des Evangeliums.

Gib uns die Gabe, die Jakobus erhielt: die Gläubigen zu ermutigen, ihr Leben mit guten Werken zu erfüllen.

Gib uns die Gabe, die Petrus erhielt: die vorzubereiten, die verfolgt werden, damit sie standhaft bleiben.

Gib uns die Gabe, die der Verfasser des letzten Buches der Bibel erhielt: die Vision des himmlischen Jerusalems vor Augen zu behalten.

Herr Jesus, laß die Musik und die Kunst, die die christliche Botschaft tragen, Menschen anregen, damit sie die Evangeliumsbotschaft verstehen. – Laß gedruckte Seiten, die über den Heiland sprechen, Gleichgültige anregen, die Bedeutung des Evangeliums zu erforschen. – Laß das Zeugnis der Kirche den Menschen außerhalb der Kirche verkünden, was das Evangelium ist. – Laß das Leben der Gläubigen denen, die die Bibel nicht lesen, einprägen, was das Evangelium tun kann. Amen.

Herr, lehre mich beten

Einmal hatte sich Jesus zum Gebet zurückgezogen. Als er es beendet hatte, bat ihn einer der Jünger: »Herr, sag uns doch, wie wir beten sollen!«

Lukas 11, 1 GN

Herr, lehre mich beten,
wie die Schwalbe ihre Jungen fliegen lehrt,
wie die Ente ihre Küken schwimmen lehrt,
wie die Mutter ihr Kind sprechen lehrt.

Vergib mir, Herr:
Ich rede im Gebet viel,
anstatt auf Dich zu hören.
Ich habe keine Geduld,
auf Deine Antwort zu warten.
Ich verstehe noch nicht, daß Du
mir tausend Dinge, die ich brauche, gegeben hast,
ehe ich um sie bat.
Vergib mir, Herr!

Gib mir, Herr, einen Filter für mein Gebet,
der die Bitten abzieht, die niemandem nützen,
der egoistische Bitten abhält,
der die Bitten kontrolliert, die der
Realität entfliehen wollen.

Nimm von mir, Herr, meine Heuchelei:
Ich bete für die Hungernden,
bin aber nicht bereit, mit ihnen zu teilen,
was du mir gegeben hast.
Ich bete für die Kranken,
nehme mir aber keine Zeit,
mich an ihr Bett zu setzen.
Ich bete um Freiheit von der Sünde,
bin aber nicht bereit, andern zu sagen,
daß Du der Befreier bist.
Nimm von mir, Herr, meine Heuchelei!

Laß meine Gebete ein Gefährt sein,
das uns aus der Dunkelheit der Zweifel
in das Licht der Erkenntnis bringt,
das uns aus dem Sumpf der Schwäche
auf den Felsen der Kraft trägt,
das uns aus der Wüste der Traurigkeit
auf die Weiden der Freude befördert.

Laß meine Gebete ein Lift sein,
der aus der Tiefe verdorbener Gedanken,
verletzender Worte,
unterlassener Hilfe
zu Taten der Liebe emporträgt.

Laß meine Gebete einen Blumenstrauß der Dankbarkeit
für Dich sein, Herr,
denn Du hast uns geholfen,
als Geld uns nicht helfen konnte,
als Arznei nichts ausrichtete
und unsere Weisheit am Ende war.

Wenn ich mit Dir über die Welt spreche,
ist das Gebet.
Wenn ich mit der Welt über Dich spreche,
ist das Zeugnis.
Wenn ich den von Dir empfangenen Segen
mit anderen teile, ist das Liebe.
Hilf uns, Herr, zum Zeugnis und zur Liebe.
Das ist mein Gebet.
Nimm es an.
Amen.

Was tut die Gnade für mich?

Von seiner Fülle haben wir alle genommen Gnade um Gnade.
Johannes 1, 16

Es ist die Gnade, die mich ermutigt,
wenn meine Seele niedergeschlagen ist.

Es ist die Gnade, die mich tränkt,
wenn meine Seele durstig ist.

Es ist die Gnade, die mir zeigt,
wer ich wirklich bin,
wenn ich mich aufblasen möchte.

Es ist die Gnade, die mich an meine Pflichten erinnert,
wenn ich den Sinn meines Lebens vergesse.

Es ist die Gnade, die mich tröstet,
wenn ich erschüttert bin.

Es ist die Gnade, die mich aufrichtet,
wenn ich gefallen bin.

Es ist die Gnade, die meine Zukunft sichert,
wenn ich pessimistisch bin.

Mein Jesus,
Du bist der Brunnen der Gnade.
Ich verdiene keinerlei Gunst von Dir.
Aber Deine Gnade folgt mir und leitet mich.
Ich danke Dir für Deine Gnade.
Amen.

Die Zeichen

Da sprachen sie zu ihm: Was tust du für ein Zeichen,
damit wir sehen und dir glauben? Was für ein Werk tust du?
Johannes 6, 30

Mein Jesus,
laß mein Opfer ein kleines Zeichen dafür sein,
das Du Dich um die Armen kümmerst.
Hilf mir zu dem Entschluß, von meinem Wohlstand abzugeben.

Laß meine Bereitschaft,
für die soziale Gerechtigkeit zu leiden,
ein kleines Zeichen dafür sein,
daß Du auf der Seite der Unschuldigen bist,
die unterdrückt werden.
Gib mir den Mut, den Ungerechten zu widerstehen.

Laß meine Demut ein kleines Zeichen dafür sein,
daß Du meine sündenkranke Seele geheilt hast.
Entferne die falsche Demut von mir.

Laß meine Freude ein kleines Zeichen dafür sein,
daß Du mir so nahe bist.
Lehre mich, wie ich andere trösten
und auch ihnen Freude bringen kann.

Laß meine Verkündigung ein kleines Zeichen dafür sein,
daß Du die Menschen zu einem neuen Leben führen willst.
Mein Jesus, reiße die Wurzeln des alten Lebens
in mir aus.
Amen.

Jesus und die Sonne

Jesus sprach: Ich bin das Licht der Welt. Wer mir nachfolgt, der wird nicht wandeln in der Finsternis, sondern wird das Licht des Lebens haben.
Johannes 8,12

Tagsüber
ist Sonnenschein.
Nachts
ist kein Sonnenschein.
Jesus aber
scheint Tag und Nacht.

Die Sonne geht im Osten auf.
Die Sonne geht im Westen unter.
Jesus aber geht niemals unter.

Die Sonne vertreibt die Dunkelheit.
Die Dunkelheit des Herzens kann sie nicht vertreiben.
Jesus aber vertreibt die Dunkelheit des Herzens.

Die die Sonne bewundern,
bewundern die Macht ihres Schöpfers.
Die die Sonne anbeten,
kennen den Schöpfer nicht.
Die Jesus anbeten,
beten das Herz des Schöpfers an.

Herr Jesus,
Du bist die Sonne der Gnade.
Du bist die Sonne der Liebe.
Du bist die Sonne der Gerechtigkeit.
Gib uns Wärme, wenn wir in der Kälte der Gleichgültigkeit zittern.
Gib uns Licht, wenn wir in der Dunkelheit der Ungerechtigkeit
und Lieblosigkeit wandern.
Dann könnte Dein Licht durch uns reflektiert werden
und Deine Wärme durch uns weiterstrahlen.
Amen.

Meines Vaters Haus

In meines Vaters Haus sind viele Wohnungen.
Wenn's nicht so wäre, hätte ich dann zu euch gesagt:
Ich gehe hin, euch die Stätte zu bereiten?

Johannes 14, 2

In meines Vaters Haus sind viele Wohnungen.
Es gibt nichts Schöneres als dieses Haus.
Jeder, der glaubt, ist dort willkommen.
Wer einmal eintrat, hat nie den Wunsch zurückzukehren.

In meines Vaters Haus sind viele Wohnungen.
Gott bietet dort Liebe und Freude an.
Christus bietet dort Gnade und Heil an.
Der Heilige Geist bietet dort Gemeinschaft und Frieden an.

In meines Vaters Haus sind viele Wohnungen.
Der Glaube sagt mir, daß Jesus mich dorthin führt.
Die Hoffnung verspricht mir, daß dort
ein Platz für mich reserviert ist.
Die Liebe bittet mich, auch meine Freunde dorthin mitzubringen.

In meines Vaters Haus sind viele Wohnungen.
Einsamkeit, Langeweile und Sorge gibt es dort nie.
Das Böse und der Teufel können dort nicht eintreten.
Der Tod ist dort tot.

Danke, Vater,
daß Dein Haus viele Wohnungen hat.
Danke, Vater,
für Deine Einladungen.
Erneuere mich jetzt, mein Vater,
daß ich würdig werde, dort zu leben.
Amen.

Ohne Dich

Ich bin der Weinstock, ihr seid die Reben. Wer in mir bleibt und ich in ihm, der bringt viel Frucht; denn ohne mich könnt ihr nichts tun.
Johannes 15, 5

Getrennt von Dir
bin ich eine Pflanze ohne Wurzeln.
Meine Seele wird verwelken.

Getrennt von Dir
bin ich eine Taube ohne Flügel.
Meine Seele kann nicht wirken.

Getrennt von Dir
bin ich ein Lamm ohne Mutter.
Meine Seele hat keinen Schutz.

Getrennt von Dir
bin ich eine Quelle ohne Wasser.
Meine Seele wird immer durstig sein.

Getrennt von Dir
bin ich ein Fisch am Flußufer.
Meine Seele wird bald sterben.

Getrennt von Dir
bin ich ein Himmel ohne Sonne.
Meine Seele wird im Dunkel töricht sein.

Getrennt von Dir
bin ich eine Lampe ohne Öl.
Meine Seele wird niemandem hilfreich sein.

Sei bei mir, mein Jesus, am Morgen, am Mittag und am Abend.
Sei bei mir, mein Jesus, am Anfang, in der Mitte und am Ende.
Sei bei mir, mein Jesus, in meinen Sorgen und in meinen Freuden.
Amen.

Komm, Heiliger Geist

Aber wenn der Geist der Wahrheit kommt,
wird er euch in die ganze Wahrheit einführen.
Johannes 16, 13 GN

Wenn Du nur in den Herzen wohnst,
die treu sind,
wie kann ich dann durch Dich gesegnet werden?
O Heiliger Geist, komme
in mein untreues Herz
und wandle es in ein Herz, das Treue hält.

Wenn Du nur in den Herzen wohnst,
die rein sind,
wie kann ich dann durch Dich gesegnet werden?
O Heiliger Geist, komme
in mein schmutziges Herz
und wandle es in ein reines Herz.

Wenn Du nur in den Herzen wohnst,
die barmherzig sind,
wie kann ich dann durch Dich gesegnet werden?
O Heiliger Geist, komme
in mein unbarmherziges Herz
und wandle es in ein barmherziges Herz.

Wenn Du nur in den Herzen wohnst,
die gerecht sind,
wie kann ich dann durch Dich gesegnet werden?
O Heiliger Geist, komme
in mein ungerechtes Herz
und wandle es in ein gerechtes Herz.

Wenn Du nur in den Herzen wohnst,
die glauben,
wie kann ich dann durch Dich gesegnet werden?
O Heiliger Geist, komme

in mein ungläubiges Herz
und wandle es in ein Herz, das glaubt.

O Heiliger Geist, wenn Du in mein Herz kommst,
werde ich reich gesegnet werden.

Meine Freude wird dann
die eines Blinden sein,
der sein Augenlicht wiedererhält,
die eines Tauben,
der sein Gehör wiederempfängt,
die eines Stummen,
der seine Sprache wiedergewinnt.
So groß wird meine Freude sein.
O Heiliger Geist
komm in mein Herz.
Amen.

Zeugnis und Dienst

Petrus aber sprach: Silber und Gold habe ich nicht; was ich aber habe, das gebe ich dir: Im Namen Jesu Christi von Nazareth steh auf und geh umher!
Apostelgeschichte 3, 6

»Was ich habe, gebe ich dir«,
das ist Dienst.
»Im Namen Jesu Christi«,
das ist Zeugnis.

Unser Zeugnis, daß Jesus der Heiland ist,
kommt aus unseren Erfahrungen mit Jesus.
Unser Dienst an den Menschen in Not
geschieht, weil wir Jesu Lehre folgen.

Unser Zeugnis, daß Jesus der Heiland ist,
gibt anderen Mut und Frieden.
Unser Dienst an Menschen in Not
gibt ihnen Trost und Freude.

Unser Zeugnis, daß Jesus der Heiland ist,
ist der größte Dienst für die Menschen.
Unser Dienst für die Menschen in Not
ist das größte Zeugnis dafür, daß Jesus der Heiland ist.

Herr Jesus,
Du kamst nicht, um bedient zu werden,
sondern um zu dienen.
Wenn wir anderen dienen, aber Dich nicht bezeugen,
verbergen wir vor ihnen die Quelle der Kraft zum Dienen.
Wenn wir Dich bezeugen, aber anderen nicht dienen,
verbergen wir die Liebe und Barmherzigkeit, die Du uns gabst.
Gib uns die Kraft, beides zu tun:
Zeugnis abzulegen
und
zu dienen.
Amen.

Ich bin in Dir

Denn in ihm leben, weben und sind wir.
Apostelgeschichte 17, 28

Du bist der weite Weltenraum.
Ich bin ein leuchtender Stern.

Du bist das unergründliche Meer.
Ich bin ein schwimmender Fisch.

Du bist der mächtige grüne Baum.
Ich bin ein kleines Blatt.

Ohne den weiten Raum kann kein Stern kreisen.
Ohne das Wasser kann kein Fisch schwimmen.
Ohne den Stamm kann kein Blatt leben.

Ohne Jesus kann meine Seele nicht glücklich sein.
Ohne Jesus kann mein Verstand nicht rein sein.
Ohne Jesus ist mein Leib wie eine leere Dose.

Mein Jesus,
sei Du
mit meinem Leib, meinem Geist und meiner Seele.
Amen.

Das ist der Glaube für mich

Da wir nun aus Glauben gerechtgesprochen worden sind,
haben wir Frieden mit Gott durch unsern Herrn Jesus Christus.
Römer 5, 1 ZB

Was die Sonne für die Erde ist,
das ist der Glaube für mich,
denn der Glaube versorgt mich mit Licht.

Was die Blüten für den Mangobaum sind,
das ist der Glaube für mich,
denn der Glaube bringt Früchte des Geistes hervor.

Was das Wasser für den Fisch ist,
das ist der Glaube für mich,
denn der Glaube ist das Element, in dem ich mich bewege.

Was das Fundament für das Haus ist,
das ist der Glaube für mich,
denn der Glaube ist die Basis meines Lebens.

Was die Mutter für das Kind ist,
das ist der Glaube für mich,
denn der Glaube hilft mir, Gottes Führung zu vertrauen.

Was die Nahrung für den Hungernden ist,
das ist der Glaube für mich,
denn der Glaube stillt den Hunger meiner Seele.

Was die Hände für den Menschen sind,
das ist der Glaube für mich,
denn der Glaube hilft mir, die Gnade zu empfangen.

Mein Jesus, ich danke Dir, daß ich an Dich glauben darf.
Nimm von mir alles, was mich hindert, an Dich zu glauben.
Ich bin glücklich, daß Du die, die an Dich glauben,
zu Deinen Mitarbeitern berufst. Amen.

Der Vierer-Rhythmus

Denn das ängstliche Harren der Kreatur wartet,
daß Gottes Kinder offenbart werden.
Römer 8, 9

Chetan Karnani schreibt in seinem Buch »Listening to Hindustani Music«: »Die Verwendung des Tala in der indischen Musik ist ein feines Gefüge von Erwartung, Enttäuschung, Überraschung und Freude.« – Tala ist das Zeitmaß in der indischen Vokal- und Instrumentalmusik und im Tanz.

Der barmherzige Vater erwartete,
daß seine Söhne sich familientreu verhalten würden.
Er war enttäuscht,
als der jüngere Sohn sein Erbe forderte.
Der Vater war überrascht,
als sein Sohn mit Reue in Herz und Mund heimkehrte.
Freude und Zufriedenheit überkamen ihn.

Der jüngere Sohn erwartete
ein freies, lustiges Leben.
Er war enttäuscht,
als seine Freunde ihn betrogen.
Er war überrascht,
als der Vater ihn vergebend in die Arme schloß.*
Freude und Gemeinschaft erfüllten seine Heimkehr.

Der Reisende von Jerusalem nach Jericho erwartete,
abends heil an seinem Ziel einzutreffen.
Er war enttäuscht,
als ihn, niedergeschlagen und beraubt,
Priester und Levit in großem Bogen umgingen.
Er war überrascht,
als der Samariter noch über Nacht bei ihm blieb
und sein Wiederkommen ankündigte.
Freude und Dankbarkeit bewegten sein Herz.

Die Tagelöhner erwarteten,
daß jemand ihnen Arbeit gäbe.
Sie waren enttäuscht,
daß sie bis zum Mittag keiner einstellte.
Sie waren überrascht,
daß der Weinbergbesitzer,
der ihnen so spät noch Arbeit gab,
ihnen den vollen Tageslohn auszahlte.
Freude und Genugtuung beflügelten ihren Heimweg.

Die kanaanäische Frau erwartete,
daß Jesus ihre Tochter sofort heilte.
Sie war enttäuscht,
als Jesus ihr bedeutete, es sei nicht fein,
den Kindern das Essen zu nehmen und es den Hunden zu geben.
Sie war überrascht,
als Jesus ihren beharrlichen Glauben lobte und ihren Wunsch erfüllte.
Freude und Lob erfüllten sie.

Die Nachfolger Jesu erwarteten,
daß ihr Herr das Land regieren und sie seine Minister würden.
Sie waren enttäuscht,
daß Jesus, statt zu herrschen, das Kreuz erlitt.
Sie waren überrascht,
als ihnen der Auferstandene erschien.
Freude und Glück bewegten sie.

Mein Jesus, Du erwartest,
daß ich Dein Zeuge bin unter denen, die Dich nicht kennen.
Ich habe Dich unzählige Male enttäuscht.
Schenke mir Mut und Weisheit,
meine Mitmenschen mit Deiner guten Nachricht zu überraschen.
Freude wird dann sie und mich erfüllen –
Deine Freude.
Amen.

* In einer ähnlichen buddhistischen Erzählung muß der Sohn zuvor zwanzig Jahre arbeiten – das ist Gesetz. Was Jesus erzählt, ist Evangelium.

Glieder meines Leibes

Ich ermahne euch nun, ihr Brüder, beim Erbarmen Gottes,
eure Leiber als ein lebendiges, heiliges, Gott wohlgefälliges Opfer hinzugeben.
Römer 12, 1

Der Reichtum hat keine Füße.
Aber er läuft von den Armen und Guten weg.

Die Grausamkeit hat keine Hände.
Aber sie erdrosselt unschuldige Frauen und Männer.

Die Armut hat keine Augen.
Aber ihretwegen vergießen Millionen Tag und Nacht Tränen.

Die Lüge hat keinen Mund.
Aber sie ist so laut in der Welt, daß meine Trommelfelle
zu platzen drohen.

Der Unglaube hat kein Gehirn.
Aber er lehrt, warum es keinen Gott geben soll.

Herr Jesus,
Grausamkeit, Lüge, Unglaube und soziale Ungerechtigkeit haben oft auch die Glieder meines Leibes benutzt, um anderen Leid zuzufügen.

Laß meine Augen sehen,
wohin meine Füße gehen.
Laß meine Füße mich dahin tragen,
wo meine Hände von anderen gebraucht werden.
Laß mein Gehirn denken,
was mein Herz glauben soll,
so daß mein Mund die Wahrheit sagt.
Amen.

Meine Umgebung

Darum lasset uns das Fest begehen nicht mit altem Sauerteig, auch nicht mit dem Sauerteig der Bosheit und Schlechtigkeit, sondern mit ungesäuertem Brot der Lauterkeit und Wahrheit.

1. Korinther 5, 8 ZB

Das Reh, das im Wald lebt,
wo auch die Tiger leben,
wird nicht das fressen,
was die Tiger fressen.
Der Glaubende wird, auch wenn er
unter Ungläubigen lebt,
nicht das anbeten, was diese anbeten.

Die Schönheit und Reinheit der Lotosblüte
wird nicht beschmutzt von dem
sumpfigen Wasser, in dem sie wächst.
Der Glaube und die Liebe des Christen
werden nicht beschmutzt vom Unglauben und Haß
der Menschen in seiner Umgebung.

Das Feuer bleibt rein, auch wenn es Abfall verbrennt.
Die Heiligkeit Gottes bleibt rein, auch wenn sie
mit der sündigen Menschheit in Berührung kommt.

Lieber Herr Jesus,
Du lebtest unter Sündern,
aber Du wurdest nie von ihnen beeinflußt.
Es ist eine faule Ausrede, wenn ich sage,
meine Umwelt sei schuld an meinem
unchristlichen Lebenswandel.
Du willst mich rein haben, trotz meiner Umwelt.
Bewahre mich ohne Flecken inmitten meiner Umwelt.
Hilf mir, meine Umwelt zu beeinflussen
mit dem, was du mir eingibst, zu sagen und zu tun.
Beseitige das Böse in meiner Umwelt,
wie Feuer den Abfall verzehrt. Amen.

Die wichtigsten Elemente

Wer pflügt, soll auf Hoffnung pflügen, und wer drischt,
soll in der Hoffnung dreschen, daß er seinen Teil empfangen wird.

1. Korinther 9, 10

Laß Glauben
in meinen Taten sein.
Er ist Wasser,
das ins verdorrte Land strömt.

Laß Liebe
in meinen Taten sein.
Sie sät die gute Saat
ins gute Land.

Laß Hoffnung
in meinen Taten sein.
Sie ist die ermutigende Vision
der großen Ernte.

Mein Jesus,
laß Glauben, Liebe und Hoffnung
in meinen Taten sein.
Dann werden sie
Dir Ehre bringen.
Dann werden sie
anderen Gutes bringen.
Dann werden sie
mir Freude bringen.
Amen.

Macht gegen Liebe

Sie verträgt alles, sie glaubt alles, sie hofft alles, sie duldet alles.
1. Korinther 13, 7

Die Macht sagt:
Ich bin stolz auf meine Macht.
Die Liebe sagt:
Ich bin fröhlich in der Niedrigkeit.

Die Macht sagt:
Ich unterdrücke meine Feinde.
Die Liebe sagt:
Ich liebe auch die Feinde.

Die Macht sagt:
Ich bringe die Menschen zum Gehorchen.
Die Liebe sagt:
Ich bringe die Menschen zum Lieben.

Die Macht sagt:
Ich vernichte die Bösen.
Die Liebe sagt:
Ich verwandle die Bösen durch Güte.

Die Macht sagt:
Ich nehme das Schwert.
Die Liebe sagt:
Ich nehme das Kreuz.

Mein Jesus,
nimm weg von mir die Liebe zur Macht.
Hilf mir, die Macht der Liebe zu verwirklichen.
Amen.

Wahre Liebe

Die Liebe höret niemals auf.

1. Korinther 13, 8

Wenn ich meinen Jesus nicht liebe,
kann ich meinen Nächsten nicht lieben.

Wenn ich meinen Nächsten nicht liebe,
kann ich meinen Jesus nicht lieben.*

Mein Jesus, hilf mir,
Dich zu lieben,
dann kann ich meinen Nächsten lieben.

Mein Jesus, hilf mir,
meinen Nächsten zu lieben,
dann kann ich Dich für immer lieben.
Amen.

* 1. Joh. 4, 20

Ich bin glücklich

Wir sehen jetzt durch einen Spiegel ein dunkles Bild;
dann aber von Angesicht zu Angesicht. Jetzt erkenne ich stückweise;
dann aber werde ich erkennen, wie ich erkannt bin.

1. Korinther 13, 12

Ich sehe Gott nicht von Angesicht zu Angesicht,
wie Mose ihn sah.
Aber ich bin glücklich,
daß Gott mich in meinem Elend sieht und mir hilft.

Ich höre die Stimme Christi nicht,
wie Paulus sie auf der Straße nach Damaskus hörte.
Aber ich bin glücklich,
daß Christus mein Gebet hört.

Ich berühre den Leib Christi nicht,
wie Thomas ihn berührte.
Aber ich bin glücklich,
daß Christus meine Hände hält und mich führt.

Ich weiß nicht so viel vom Wirken des Heiligen Geistes,
wie die Heiligen es wissen.
Aber ich bin glücklich,
daß der Heilige Geist mein Herz bewegt,
Jesus Christus zu bezeugen
und meinen Nächsten zu lieben.

Ich verstehe nicht alle Geheimnisse der Heiligen Dreieinigkeit,
wie Jesus sie verstand.
Aber ich bin glücklich,
daß Gott meinen armen Glauben versteht
und ihn annimmt.

Lieber Herr,
gib mir geistliche Augen,
all das zu sehen, was Du getan hast.

Gib mir geistliche Ohren,
alles zu hören, was Du mir sagst.
Gib mir das geistliche Gespür,
zu fühlen, wie weise Du mich leitest.
Gib mir geistliche Erkenntnis,
Deine Liebe und Deine Gerechtigkeit zu begreifen.
Ohne geistliche Wahrnehmung wäre ich
noch immer wie ein Tier.
Gib mir Geistlichkeit, damit ich
ein vollkommener Mensch werde.
Amen.

Die größte unter ihnen

Nun aber bleiben Glaube, Hoffnung, Liebe, diese drei;
aber die Liebe ist die größte unter ihnen.
1. Korinther 13, 13

Die Schöpfung ist die Geburt der Liebe.
Gottes Gebote sind die Ordnungen der Liebe.
Gleichgültigkeit ist die Abwesenheit von Liebe.
Sünde ist die Verweigerung von Liebe.
Der Sündenfall ist die Tragödie falscher Liebe.
Die Menschwerdung Jesu ist das Personwerden der Liebe.
Die Bergpredigt ist das Grundgesetz der Liebe.
Das Kreuz ist der Triumph der Liebe.
Die Auferstehung ist die Macht der Liebe.
Reue ist der Wunsch nach Liebe.
Glaube ist die Grundlage für die Liebe.
Unglaube ist die Absage an die Liebe.
Hoffnung ist die Morgendämmerung der Liebe.
Friede ist die Gegenwart der Liebe.
Freude ist die Frucht der Liebe.

O dreieiniger Gott,
was Du bist, ist Liebe.
Was Du tust, ist Liebe.
Fülle mein Herz mit Liebe.
Dann wird mein Verstand über die Liebe nachdenken.
Dann wird alles, was ich tue,
aus der Liebe kommen.
Amen.

Mein Jesus, wandle mich

Wir alle sehen mit unverhülltem Gesicht die Herrlichkeit des Herrn. Dabei werden wir selbst in das verwandelt, was wir sehen, und bekommen mehr und mehr Anteil an seiner Herrlichkeit. Das bewirkt der Herr durch seinen Geist.

2. Korinther 3, 18 GN

Die Sünde verwandelt die lächelnde Welt
in eine traurige Welt.
Die Sünde verwandelt die reiche Welt
in eine Welt voller Armer.
Die Sünde verwandelt die friedliche Welt
in eine von Tyrannen unterdrückte Welt.
Die Sünde verwandelt die freundliche Welt
in eine Welt von unwissenden, hochmütigen Menschen.
Die Sünde verwandelt die harmonische Welt
in eine Welt voller Uneinigkeit.
Die Sünde verwandelt die liebliche Welt
in eine haßerfüllte Welt.
Die Sünde verwandelt das Leben in dieser Welt
und ermöglicht den Tod.

Herr, wandle Du mich, damit ich
in dieser traurigen Welt lächelnd leben kann.
Wandle mich, damit ich in dieser Welt voll Armut
großzügig bin im Austeilen.
Wandle mich, damit ich in dieser gewalterfüllten Welt
tapfer das Evangelium des Friedens verkündige.
Wandle mich, damit ich in dieser Welt der Eitelkeiten
demütig werde.
Wandle mich, damit ich in dieser Welt voll verwirrender Ideologien
mich nach der Gemeinschaft des Heiligen Geistes sehne.
Wandle mich, damit ich in der Welt des Hasses
lieben kann.
Wandle mich, damit ich vorbereitet bin,
diese Welt in Frieden zu verlassen, wenn Du mich rufst,
in der Hoffnung auf die Auferstehung und das Leben bei Dir.
Amen.

Die klare Offenbarung

O ihr unverständigen Galater! Wer hat euch bezaubert,
denen doch Jesus Christus vor die Augen gemalt war als der Gekreuzigte?
Galater 3, 1

Gott kann in der Natur erkannt werden.
Aber Erdbeben, Fluten und Dunkelheiten erschrecken mich.

Gott kann in der Geschichte erkannt werden.
Aber ich erschrecke vor seinen Urteilen.

Gott kann in der Anbetung erkannt werden.
Aber wenn selbst Engel ihn nicht würdig anbeten können,
wie kann ich es dann, ein sündiger Mensch?

Gott kann im Gehorsam gegen seine Gebote erkannt werden.
Aber der Gebote, die ich übertrete, sind mehr
als derer, denen ich gehorche.
Wie kann ich Gott in seinen Geboten erkennen?

Gott kann in Jesus Christus erkannt werden.
Im Kreuz Christi sehe ich, wie Gott seine Gerechtigkeit und Gnade miteinander versöhnt.
In Jesus Christus ist Gott mir nahe wie nirgends sonst.

Lieber Gott, Du offenbarst Jesus.* Jesus offenbart Dich.**
Wenn ich Jesus Christus ohne Dich sehe,
wird sein Anblick mir undeutlich.
Wenn ich von Jesus weggehe, wird Dein Anblick mir undeutlicher.
Nirgends kann ich Dich so klar sehen wie in Jesus Christus.
Ich danke Dir, daß Du Jesus Christus in die Welt gesandt hast,
damit ich Dich erkennen kann.
Ich danke Dir, daß ich durch Jesus Christus zu Dir kommen kann.
Amen.

* Markus 1, 11
** Joh. 17, 6

Säen und ernten

Laßt uns aber Gutes tun und nicht müde werden;
denn zu seiner Zeit werden wir auch ernten, wenn wir nicht nachlassen.
Galater 6, 9

Wie kann ich Früchte ernten,
wenn ich keinen Obstbaum gepflanzt habe?

Wie kann ich Freundlichkeit ernten,
wenn ich zu niemandem barmherzig war?

Wie kann ich Frieden ernten,
wenn ich nicht für den Frieden eingetreten bin?

Wie kann ich Liebe ernten,
wenn ich niemandem vergeben habe?

Wie kann ich Glück ernten,
wenn ich nichts Gutes getan habe?

Wie kann ich den Segen der Erlösung ernten,
wenn ich die Gnade Jesu nicht angenommen habe?

Wie kann ich das ewige Leben ernten,
wenn ich nicht an Jesus geglaubt habe?

Lieber Gott,
mache mich barmherziger.
Pflanze in mir den Mut ein,
für den Frieden einzutreten.
Gib mir ein Herz, das vergibt.
Hilf mir, Gutes zu tun.
Lehre mich, Dir zu gehorchen.
Stärke meinen Glauben.
Amen.

Dein Wille geschehe auch auf Erden

Darum werdet nicht unverständig,
sondern verstehet, was der Wille des Herrn ist.
Epheser 5, 17

Ist das Dein Wille, daß Millionen von Kindern hungrig einschlafen?

Ist das Dein Wille, daß Millionen von Mädchen nur Lumpen haben, um sich zu kleiden, und viele sich vergewaltigen lassen, um etwas zu essen zu bekommen?

Ist das Dein Wille, daß Millionen von Menschen ohne Dach über dem Kopf leben?

Ist das Dein Wille, daß Millionen ungerechterweise in Gefängnissen und Lagern sitzen?

Ist das Dein Wille, daß Bomben Städte vernichten?

Ist das Dein Wille, daß Millionen von Menschen das Heil in Jesus nie erfahren?

Nein, mein Jesus, das alles ist
nicht Dein Wille.
Es geschieht, weil wir
selbstsüchtig sind.
Hilf uns, nichts
gegen Deinen heiligen Willen zu tun.
Gib uns den Willen
und die Kraft, nur das zu tun,
was Dein Wille ist,
auch wenn es anfangs schwierig für uns wird.
Amen.

Der Preis der Menschwerdung

Er entäußerte sich selbst und nahm Knechtsgestalt an, ward den Menschen gleich und der Erscheinung nach als Mensch erkannt. Er erniedrigte sich selbst und ward gehorsam bis zum Tode, ja zum Tode am Kreuz.
Philipper 2, 7f.

Du, der Ungeborene, wurdest geboren.

Du, der Schöpfer, wurdest Geschöpf.

Du, der Gestaltlose, wurdest menschliche Gestalt.*

Du, der Unveränderliche, wurdest verändert in ein menschliches Wesen.

Du, der Herrliche, wurdest einer, der von den Sündern ganz verachtet wurde.

Du, der Heilige, wurdest der Sündigste, denn Du trugst die Sünden der Welt.

Du, der Unsterbliche, wurdest sterblich am Kreuz.

Mein Jesus,
der Du verborgen warst in Gott,
Du wurdest für uns enthüllt durch die Menschwerdung.
Als Du Mensch wurdest, wurden
Dein Stand und Deine Form verändert.
Unverändert aber blieben
Deine Heiligkeit und Deine Gerechtigkeit.
Wir danken Dir, daß Du Dich unseretwegen geändert hast.
Wir danken Dir, daß
Deine Liebe und Dein Erbarmen
sich niemals ändern.
Amen.

* Johannes 4, 24

Christus, der Standard des Lebens

Ich bilde mir nicht ein, Brüder, daß ich es schon geschafft habe. Aber ich lasse alles hinter mir und sehe nur noch, was vor mir liegt. Ich halte geradewegs auf das Ziel zu, um den Siegespreis zu gewinnen. Dieser Preis ist das neue Leben, zu dem mich Gott durch Jesus Christus berufen hat.
Philipper 3, 13f. GN

Wer sein Leben vom Heiligen Geist leiten läßt,
besitzt einen hohen Lebensstandard,
denn Gottes Geist erfüllt mit echter Freude.

Wer ein geduldiges Herz hat,
besitzt einen hohen Lebensstandard,
denn er schont seine Nerven.

Wer gelernt hat zu vergeben,
besitzt einen hohen Lebensstandard,
denn er bringt Versöhnung.

Wer seine Seele durch das Blut Christi reinigen ließ,
besitzt einen hohen Lebensstandard,
denn er schmeckt das Heil Gottes.

Wer seine Reichtümer im Himmel hat,
besitzt einen hohen Lebensstandard,
denn er ist frei von der Krankheit der Selbstsucht.

Wer sich mehr über Geben als über Nehmen freut,
besitzt einen hohen Lebensstandard,
denn er schenkt vielen Freude.

Wer Kinder hat, die Gott lieben,
besitzt einen hohen Lebensstandard,
denn er leistet einen Beitrag zum allgemeinen Wohl.

Wer gläubige Freunde hat,
besitzt einen hohen Lebensstandard,
denn es kann in seinem Leben keine Einsamkeit geben.

Wer für andere betet und ihnen beisteht,
besitzt einen hohen Lebensstandard,
denn er kennt den Sinn seines Lebens.

Wer mit Freude Jesus verkündigt,
besitzt einen hohen Lebensstandard,
denn er enthüllt anderen die Quelle
für das friedevolle neue Leben.

Herr Jesus,
Du bist der Standard für mein Leben.
Hebe den Standard meines elenden Lebens,
daß ich Deinem Ziel nahekomme.
Amen.

Der Brückenbauer

Denn es ist Gottes Wohlgefallen gewesen, daß in ihm alle Fülle wohnen sollte und alles durch ihn versöhnt würde mit Gott, es sei auf Erden oder im Himmel, dadurch daß er Frieden machte durch das Blut an seinem Kreuz.
Kolosser 1, 19f.

Jesus, Du baust Brücken
zwischen verschiedenen Rassen.

Jesus, Du baust Brücken
zwischen alt und jung.

Jesus, Du baust Brücken
zwischen denen, die vergeben,
und denen, welchen vergeben wird.

Jesus, Du baust Brücken
zwischen dem Guten in der Vergangenheit
und dem Schönen in der Zukunft.

Jesus, Du baust Brücken
zwischen denen, die bereit sind zu teilen,
und denen, die Hilfe brauchen.

Jesus, Du baust Brücken
zwischen Himmel und Erde.*

Jesus, Du baust Brücken
zwischen dem einzig Heiligen
und den sündigen Menschen.

Mein Jesus, ich danke Dir für die vielen Brücken, die Du baust.
Laß mich diese Brücken benützen
und selbst zum Brückenbauer werden. Amen.

* Johannes 1, 51

Habe ich mein Teil getan?

Wir bitten Gott und unseren Herrn Jesus Christus,
euch mutig zu machen und euch Kraft zu geben zu allem Guten, in Wort und Tat.
2. Thessalonicher 2, 16f.

Die Sonne geht majestätisch strahlend auf.
Die Mutter hat kein Essen für ihr verhungerndes Kind.

Der Mond erscheint am Himmel, begleitet von strahlenden Sternen.
Der erniedrigte Mann mietet den Körper eines armen Mädchens,
das seine Eltern am Leben erhalten will.

Die bunten Blumen verbreiten ihren Duft und Zauber.
Der arbeitslose Junge wird ohnmächtig vor Hunger.

Die Minen sind voller kostbarer Bodenschätze, die die Menschheit braucht.
Der Mensch richtet Grenzen der Trennung auf, wo immer er kann.

Die blauen Wellen des Meeres umarmen die goldenen Küsten.
Die junge Frau erhält die Nachricht, daß ihr Mann bei einer Explosion verwundet wurde.

Die Vögel singen melodisch nahe ihren Nestern.
Die vertriebene Familie findet kein Dach über dem Kopf.

Die Bäume spenden Menschen und Tieren
Schatten in der Mittagsglut.
Chemikalien werden hergestellt, die die Vegetation vernichten.

Das Kreuz proklamiert die Botschaft der Versöhnung.
Armeen marschieren, um Menschen umzubringen.

O lieber Gott,
Du hast Deinen Teil so gut vollbracht.
Aber wir haben unsern Teil nicht getan.
Wir denken zu wenig an die Hungernden.

Wir sind erfüllt von eigenen Begierden.
Wir sind so selbstsüchtig.
Wir sind grausam.
Wir lassen es zu, daß Waffen produziert werden,
die andere und uns selbst töten.
Wir wählen Politiker, die nichts für den Frieden tun.
Du, Herr, hast die Welt so schön geschaffen.
O lieber Vater, lehre uns, was wir tun sollen.
Gib uns Kraft zu tun, was Du willst.
Amen.

Meine Glieder

Wer nicht liebt, kennt Gott nicht, denn Gott ist Liebe.
1. Johannes 4, 8

Die Augen, die keine Tränen mit den Leidenden vergießen,
können den barmherzigen Gott nicht sehen. (Römer 12, 13)

Die Ohren, die sich vor dem Schrei der Armen verschließen,
können die einladende Stimme Gottes nicht hören.

Der Mund, der anderen nichts von der Liebe Jesu weitererzählt,
kann Gott nicht wirklich preisen.

Die Hände, die den Elenden nicht helfen und anrühren,
können Gott nicht begrüßen.

Die Füße, die nicht zu denen eilen, die in Not sind,
können nicht in den Raum eintreten, in dem Gott ist.

Lieber Gott, ich danke Dir für meine Augen und Ohren,
meinen Mund, meine Hände und Füße
und für alle anderen Glieder meines Körpers.
Gib mir das liebevolle Herz und den Verstand,
damit meine Glieder das tun können,
was Du willst.
Amen.

Lehre mich zu lieben

Wir haben erkannt und geglaubt die Liebe, die Gott zu uns hat.
Gott ist die Liebe, und wer in der Liebe bleibt, der bleibt in Gott und Gott in ihm.
1. Johannes 4, 16

Mein Jesus,
niemand liebt Dich so sehr
wie die, die Dich verstehen.

Mein Jesus,
niemand haßt Dich so sehr
wie die, die Dich mißverstehen.

Ob Menschen
Dich lieben oder hassen –
Du
liebst sie alle.

Herr Jesus,
lehre mich, in gleicher Weise zu lieben,
so daß ich beide lieben kann,
die mich verstehen und
die mich mißverstehen,
die mich lieben und
die mich hassen.
Amen.

Gott ist stolz auf dich

Denn Gott ist nicht ungerecht, daß er vergäße eure Werke und die Liebe, die ihr seinem Namen erwiesen habt, indem ihr den Heiligen dientet und noch dient.
Hebräer 6, 10

Du teilst dein Essen mit einem Armen.
Er flucht dir, weil du ihm nicht mehr gegeben hast.
Gott lehrt dich Geduld.

Du teilst dein Essen mit einem Armen.
Er ist undankbar.
Gott belohnt dich.

Du teilst dein Essen mit einem Armen.
Er ist gleichgültig.
Du vergegenwärtigst dir die Güte Gottes,
der auch die Gleichgültigen liebt.

Du teilst dein Essen mit einem Armen.
Er dankt dir.
Du dankst Gott, daß er dir die Möglichkeit gab,
anderen zu helfen.

Du teilst dein Essen mit einem Armen.
Er dankt Gott
deinetwegen.
Gott ist stolz auf dich.

Lieber Herr, Du lehrst mich:
Wenn ich mit anderen teile,
ist es auch gut für mich,
weil ich dadurch meine Selbstsucht zerstöre.
Ich vergesse oft, daß Du
auf die stolz bist,
die mit anderen teilen.
Hilf mir, die Ursachen der Armut herauszufinden
und die Armut beseitigen zu helfen. Amen.

Was kann der Glaube tun?

Durch den Glauben haben sie Königreiche bezwungen, Gerechtigkeit geübt, Verheißungen erlangt. *Hebräer 11, 33*

Der Glaube an Christus verwandelt nicht
mein einfaches Essen in Delikatessen,
aber er bringt mich dazu, das wenige, was ich habe,
mit den Armen zu teilen.

Der Glaube an Christus verwandelt nicht
meine einfache Hütte in einen Luxusbungalow,
aber er hilft mir, glücklich in meiner Hütte hauszuhalten.

Der Glaube an Christus liefert meinem Kopf keinen Heiligenschein,
aber er hebt mich auf und reinigt mich, wenn ich gefallen bin.

Der Glaube an Christus garantiert mir nicht,
daß ich hundert Jahre lebe,
aber er ermutigt mich, ein Leben zu führen,
das täglich nützlich für andere ist.

Der Glaube an Christus bringt mich jetzt nicht
dahin, wo die Engel leben,
aber er bringt Christus in mein Herz.

Der Glaube an Christus macht mich nicht stolz,
weil ich glauben kann,
sondern er macht mich demütig, seine Gnade zu empfangen.

Der Glaube an Christus bewahrt mich nicht vor dem Sterben,
aber er gibt mir die Gewißheit der Auferstehung
und die Gemeinschaft mit allen Heiligen.

Herr Jesus, ich danke Dir, daß ich an Dich glauben kann.
Mein Glaube hängt vom Anfang bis zum Ende von Dir ab.
Stärke meinen Glauben, damit ich bezeugen kann, was der
Glaube in mir wirkt. Amen.

Glaube als »Opium«?

Ein reiner und unbefleckter Gottesdienst vor Gott, dem Vater, ist der:
die Waisen und Witwen in ihrer Trübsal besuchen
und sich selbst von der Welt unbefleckt halten.
Jakobus 1, 27

Glaube ist nicht
der Genuß von Kirchenmusik.
Glaube ist nicht
das Studium alter Kirchenarchitekturen
oder die Ausgrabung von Antiquitäten.
Glaube ist nicht
das Studium der Heiligen Schrift in ihren Originalsprachen.
Glaube ist nicht,
Kinder mit guten Geschichten zu unterhalten.
Glaube ist nicht
Freizeitgestaltung für Senioren.
Glaube ist nicht
nützlicher Aberglaube.
Glaube ist nicht
Spekulieren über ein jenseitiges Leben.

Glaube ist,
durch Jesus Christus von Sünde und Unwissenheit
erlöst zu werden.
Glaube ist
Erfülltwerden durch den Heiligen Geist
und Dienst an den Menschen durch diese empfangene Gabe.
Glaube ist
Gemeinschaft mit Gott, unserem himmlischen Vater.

Herr, mache mich zu einem glaubenden Menschen.
Rette mich vor aller falschen
Religion und Religiosität.
Amen.

Mit dem Glauben beginnt es

Du gedankenloser Mensch! Willst du nicht einsehen, daß ein Glaube, der nicht zu Taten führt, wirkungslos ist?
Jakobus 2,20 GN

Es genügt nicht zu bekennen,
daß Gott der Schöpfer eine wunderbare Erde
mit einem blauen Himmel geschaffen hat.
Ich sollte bewundern, was er für mich geschaffen hat.
Ich sollte ihm dafür danken.
Ich sollte die Schönheit seiner Schöpfung bewahren.

Es genügt nicht zu bekennen,
daß Jesus Christus den Neuen Himmel und die Neue Erde schafft.
Ich sollte ihm folgen und eine neue Kreatur werden.
Ich sollte ihm dafür danken, daß er mein Kreuz getragen hat.
Ich sollte sein Evangelium in der Welt verbreiten.

Es ist nicht genug zu bekennen,
daß der Heilige Geist in den Glaubenden
Heiligkeit schafft und sie vereint.
Ich sollte durch mein Verhalten zeigen,
daß der Heilige Geist in mir wirkt.
Ich sollte dankbar für seine Führungen sein.
Ich sollte der Stimme des Heiligen Geistes in mir gehorchen.

Dreieiniger Gott, ich kann nicht anders als danken,
wenn ich über all das nachsinne,
was Du für mich getan hast und tust.
Ich kann nicht anders als danken,
wenn ich über Deine Liebe am Kreuz nachsinne.
Ich kann nicht anders als danken,
wenn ich bedenke, wie Du Dich bemüht hast,
mich aufzuheben, als ich gefallen war.
Laß mein bekehrtes Leben
ein Zeichen der Dankbarkeit sein.
Amen.

Eine Welt

Danach sah ich eine große Schar, die niemand zählen konnte,
aus allen Nationen und Stämmen und Völkern und Sprachen;
die standen vor dem Thron und vor dem Lamm,
angetan mit weißen Kleidern und mit Palmzweigen in ihren Händen.
Offenbarung 7, 9

Das Heilige Land liegt nicht nur am Mittelmeer. Die ganze Welt ist genauso heilig wie jenes Heilige Land, da Jesus für die ganze Welt gestorben ist und für die ganze Welt lebt.

Zur Nation der Verheißung gehört nicht nur eine Rasse. Die ganze Welt ist das Volk der Verheißung, weil Gott die ganze Welt geliebt hat.

Und Vaterland kann mir nicht nur das Land sein, in dem ich geboren bin. Die ganze Welt ist meines Vaters Land, denn in Gottes Atlas gibt es keine Ländergrenzen.

Alle Menschen in der Welt sind Geschöpfe Gottes.
Alle Menschen in der ganzen Welt tragen Gottes Ebenbild.
Alle Menschen in der Welt sind meine Geschwister.

Die Menschen haben verschiedene Hautfarben,
so wie die schönen Rosen in unterschiedlichen Farben brillieren.
Die Menschen sprechen verschiedene Sprachen,
so wie die Musik ihre verschiedenen Farbklänge hat.
Die Menschen haben verschiedene Kulturen,
so wie ein Baum verschiedene Äste hat.

Lieber Gott, geliebter Vater der Menschheit,
segne alle, die sich für die Eine Welt einsetzen.
Segne alle, die die Botschaft des Heils aller Welt verkündigen.
Segne alle, die die Einheit der Völker vorantreiben.
Amen.

Die Geschichte der Städte

Und ich sah die heilige Stadt, das neue Jerusalem,
von Gott aus dem Himmel herabkommen.
Offenbarung 21, 2

Jede Stadt
enthält ein bißchen von Babel,
der Stadt, in der die Menschen den Himmel
durch ihren Erfolg erreichen wollten.
Jede Stadt
enthält ein bißchen von Sodom und Gomorra,
den Städten, die verdorben waren und zerstört wurden.
Jede Stadt
enthält ein bißchen von Babylon,
der Stadt, die Völker verführte und vernichtet wurde.*
Jede Stadt
enthält ein bißchen von Ninive,
der Stadt, die Jonas Predigt hörte und bereute.
Jede Stadt
enthält ein bißchen von Jerusalem,
der Stadt, die Propheten und Gottes Boten umbrachte.**
Jede Stadt
enthält ein bißchen von Athen,
der Stadt, die voller Götzenbilder war.
Jede Stadt
enthält ein bißchen von Thessalonich,
der Stadt, in der Leute wohnten, die
ein Vorbild für alle Gläubigen wurden,
für eine weite Landschaft das Wort bezeugten.***

Lieber Herr,
wir alle sehnen uns nach der heiligen Stadt,
dem neuen Jerusalem,
wo es keine Tränen und keine Klagen gibt,
weil das Lamm Gottes regiert;
wo es keine Schmerzen und keinen Tod gibt,
weil dort Gottes Wohnung ist;

wo es keine alten Ordnungen gibt,
weil Du alles neu machst;
wo es keine Nacht gibt,
weil Deine Herrlichkeit die Stadt erleuchtet;
wo keine Türen geschlossen sind,
weil es keine Angst und keine Dunkelheit gibt;
wo die silbernen Flüsse des Lebens
in der goldenen Stadt fließen
und wo der Baum des Lebens
das ganze Jahr hindurch Früchte trägt.

Wir wissen nicht, wann
das neue Jerusalem für uns Wirklichkeit sein wird.
In der Zwischenzeit, Herr,
segne unsere kleinen und großen Anstrengungen,
in unseren Städten
Miniaturen des neuen Jerusalems zu bilden.
Hilf uns, gegen alles zu kämpfen,
was die Annahme der Stadt Gottes auf Erden hindert.
Amen.

* Offenbarung 18, 23
** Matthäus 23, 37
*** 1. Thessalonicher 1, 7ff.

Zur Einheit des Glaubens

Heiliger Geist, Schöpfer der Gemeinschaft,
Du baust Brücken zwischen verschiedenen
Völkern und Rassen.
Leite die Völker der ganzen Welt
zur Einheit des Glaubens.

Heiliger Jesus, Retter der Menschheit,
Du starbst für die Menschen aller Weltteile.
Leite uns alle vom Verderben zum Heil.

Heiliger Vater, Schöpfer der Menschheit,
Du hast alle Menschen aus einem Blut geschaffen,*
wir aber unterscheiden und
trennen Mensch von Mensch.
Leite uns aus der
Zersplitterung zur Einheit.

Kerzen können verschiedene Farben haben,
aber ihre Flammen sehen gleich aus.
Hilf uns zu verstehen,
daß wir alle
deine geliebten Kinder sind,
obwohl wir verschiedenen
Rassen, Völkern, Nationen
angehören.
Erhöre unser Gebet
um Einheit des Glaubens
um deiner Gnade und Liebe willen.
Amen.

* Apostelgeschichte 17, 26